PROJETO ÁPIS

EDUCAÇÃO INFANTIL

DANTE E NOEMI

NATUREZA E SOCIEDADE

DE ACORDO COM A BNCC

CB136951

LUIZ ROBERTO DANTE

- LIVRE-DOCENTE EM EDUCAÇÃO MATEMÁTICA PELA UNIVERSIDADE ESTADUAL PAULISTA "JÚLIO DE MESQUITA FILHO" (UNESP-SP), *CAMPUS* DE RIO CLARO
- DOUTOR EM PSICOLOGIA DA EDUCAÇÃO: ENSINO DA MATEMÁTICA PELA PONTIFÍCIA UNIVERSIDADE CATÓLICA DE SÃO PAULO (PUC-SP)
- MESTRE EM MATEMÁTICA PELA UNIVERSIDADE DE SÃO PAULO (USP)
- LICENCIADO EM MATEMÁTICA PELA UNESP-SP, RIO CLARO
- PESQUISADOR EM ENSINO E APRENDIZAGEM DA MATEMÁTICA PELA UNESP-SP, RIO CLARO
- EX-PROFESSOR DO ENSINO FUNDAMENTAL E DO ENSINO MÉDIO NA REDE PÚBLICA DE ENSINO
- AUTOR DE LIVROS PARA A EDUCAÇÃO BÁSICA

NOEMI BIANCHINI

- DOUTORA EM SOCIOLOGIA DA EDUCAÇÃO PELO PROGRAMA EDUCAÇÃO, HISTÓRIA, POLÍTICA E SOCIEDADE DA PONTIFÍCIA UNIVERSIDADE CATÓLICA DE SÃO PAULO (PUC-SP)
- MESTRA EM EDUCAÇÃO ESCOLAR PELA UNIVERSIDADE ESTADUAL PAULISTA "JÚLIO DE MESQUITA FILHO" (UNESP-SP), *CAMPUS* DE ARARAQUARA
- PÓS-GRADUADA EM TEORIA E CRÍTICA LITERÁRIA PELA UNESP-SP, ARARAQUARA
- LICENCIADA EM LETRAS E PEDAGOGIA PELA FACULDADE DE FILOSOFIA, CIÊNCIAS E LETRAS DE ARARAS (FFCLA)
- EXPERIÊNCIA COMO SUPERVISORA E COORDENADORA DE CONTEÚDOS PARA CURSOS DE FORMAÇÃO DE PROFESSORES
- EX-PROFESSORA DOS CURSOS DE GRADUAÇÃO E PÓS-GRADUAÇÃO NAS ÁREAS DE CURRÍCULO, LEGISLAÇÃO, GESTÃO E ALFABETIZAÇÃO
- EX-PROFESSORA DO ENSINO FUNDAMENTAL E DO ENSINO MÉDIO NAS REDES PÚBLICA E PARTICULAR DE ENSINO

editora ática

2

editora ática

Presidência: Mario Ghio Júnior
Direção editorial: Lidiane Vivaldini Olo
Gerência editorial: Viviane Carpegiani
Gestão de área: Tatiany Renó
Edição: Luciana Nicoleti (coord.), Marina S. Lupinetti (coord.) e Daniella Drusian Gomes
Planejamento e controle de produção: Flávio Matuguma, Juliana Batista, Felipe Nogueira e Juliana Gonçalves
Revisão: Kátia Scaff Marques (coord.), Brenda T. M. Morais, Claudia Virgilio, Daniela Lima, Malvina Tomáz e Ricardo Miyake
Arte: André Gomes Vitale (ger.), Catherine Saori Ishihara (coord.), Andréa Dellamagna e Kleber de Messas (edição de arte)
Diagramação: R2 Design
Iconografia e tratamento de imagem: André Gomes Vitale (ger.), Claudia Bertolazzi e Denise Durand Kremer (coord.), Tempo Composto (pesquisa iconográfica), Fernanda Crevin (tratamento de imagens)
Licenciamento de conteúdos de terceiros: Roberta Bento (ger.), Jenis Oh (coord.), Liliane Rodrigues, Flávia Zambon e Raísa Maris Reina (analistas de licenciamento)
Ilustração: Alberto Stefano
Cartografia: Eric Fuzii (coord.) e Robson Rosendo da Rocha
Design: Erik Taketa (coord.) e Talita Guedes (proj. gráfico e capa)
Projeto gráfico: Estúdio Apis Design
Ilustração de capa: Barlavento Estúdio Criativo

Avenida Paulista, 901, 6º andar – Bela Vista
São Paulo – SP – CEP 01310-200
http://www.somoseducacao.com.br

Dados Internacionais de Catalogação na Publicação (CIP)

Dante, Luiz Roberto
Projeto Ápis : Educação infantil : Natureza e sociedade : volume 1 ao 3 / Luiz Roberto Dante, Noemi Bianchini. -- 2. ed. -- São Paulo : Ática, 2020.
(Projeto Ápis ; vol. 1 ao 3)

Bibliografia

1. Educação infantil 2. Meio ambiente - Educação infantil 3. Sociedade - Educação infantil I. Título II. Bianchini, Noemi III. Série

20-1429 CDD 372

Angélica Ilacqua - Bibliotecária - CRB-8/7057

2020
Código da obra CL 750427
CAE 721322 (AL) / 721321 (PR)
ISBN 9788508195923 (AL)
ISBN 9788508195930 (PR)
2ª edição
1ª impressão
De acordo com a BNCC.

Impressão e acabamento Gráfica Elyon

Uma publicação SOMOS EDUCAÇÃO

Alberto Stefano/Arquivo da editora

A **COLEÇÃO ÁPIS EDUCAÇÃO INFANTIL** CHEGA ATÉ VOCÊ TRAZENDO MUITO APRENDIZADO!

COM UMA LINGUAGEM SIMPLES E ATRAENTE, OS CONTEÚDOS ACOMPANHAM SUA EVOLUÇÃO E SEU DESENVOLVIMENTO.

COMPARTILHE, APRENDA E DIVIRTA-SE!

DANTE E NOEMI

CONHEÇA SEU LIVRO

ESTA É A **TURMA DA LIA**, QUE VAI ACOMPANHAR VOCÊ DURANTE O ANO TODO.

LIA BETO SOFIA BRUNO CAUÃ ANA MANUELA

Alberto Stefano/Arquivo da editora

MATERIAL DE APOIO

SEMPRE QUE VOCÊ ENCONTRAR ESTE ÍCONE SIGNIFICA QUE **HÁ PEÇAS E FIGURAS A SEREM DESTACADAS** NO FINAL DO LIVRO.

SUGESTÃO DE...

TODA VEZ QUE APARECER O BOXE **SUGESTÃO DE...** VOCÊ VAI ENCONTRAR INDICAÇÕES DE MATERIAIS QUE COMPLEMENTAM OS TEMAS TRABALHADOS NO LIVRO, AMPLIANDO SEU APRENDIZADO!

- ESTAS SÃO AS SEÇÕES DE SEU LIVRO:

AS **ABERTURAS DE UNIDADE** INTRODUZEM O TEMA.

NA SEÇÃO **HORA DO JOGO E DA BRINCADEIRA**, VOCÊ RETOMA OS CONCEITOS TRABALHADOS COM ATIVIDADES LÚDICAS E JOGOS QUE TORNAM SEU APRENDIZADO MUITO MAIS DIVERTIDO!

A SEÇÃO **VAMOS CRIAR?** DESAFIA VOCÊ A USAR A IMAGINAÇÃO E A CRIATIVIDADE PARA PENSAR EM SOLUÇÕES, PRODUZIR E APRENDER MUITO!

A SEÇÃO **HORA DA CURIOSIDADE** TRAZ ATIVIDADES QUE AMPLIAM, DE UMA FORMA CRIATIVA E DIVERTIDA, ALGUM ASSUNTO ESTUDADO.

SUMÁRIO

UNIDADE 1

Ilustrações: Alberto Stefano/Arquivo da editora

UNIDADE 2

SUMÁRIO

UNIDADE 3

MINHA ESCOLA 53

UNIDADE 4

EU E A NATUREZA.....79

MATERIAL DE APOIO

Ilustrações: Alberto Stefano/Arquivo da editora

Alberto Stefano/Arquivo da editora

UNIDADE 1

TODAS AS COISAS TÊM NOME

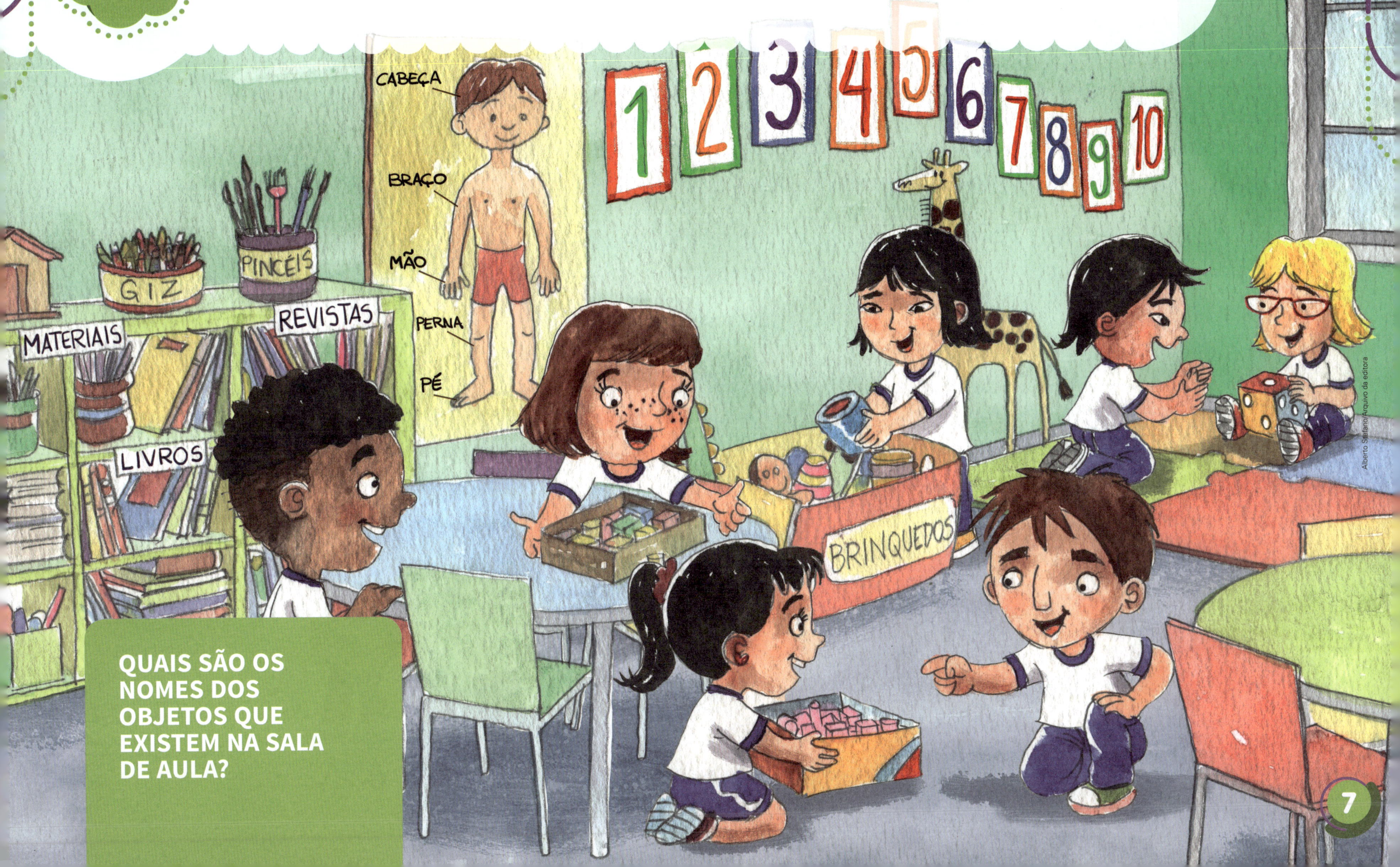

Alberto Stefano/Arquivo da editora

QUAIS SÃO OS NOMES DOS OBJETOS QUE EXISTEM NA SALA DE AULA?

TURMA DA LIA

COMO EM QUALQUER ESCOLA, OS PRIMEIROS DIAS DE AULA SÃO CHEIOS DE SURPRESAS!

ALGUNS AMIGOS NOVOS CHEGAM, ALGUNS AMIGOS SE FORAM. MAS TODOS SÃO ESPECIAIS, CADA UM DO SEU JEITO.

- CONVERSE COM OS COLEGAS SOBRE A IMPORTÂNCIA DE RESPEITAR AS SEMELHANÇAS E AS DIFERENÇAS ENTRE VOCÊS.

SUGESTÃO DE LIVRO

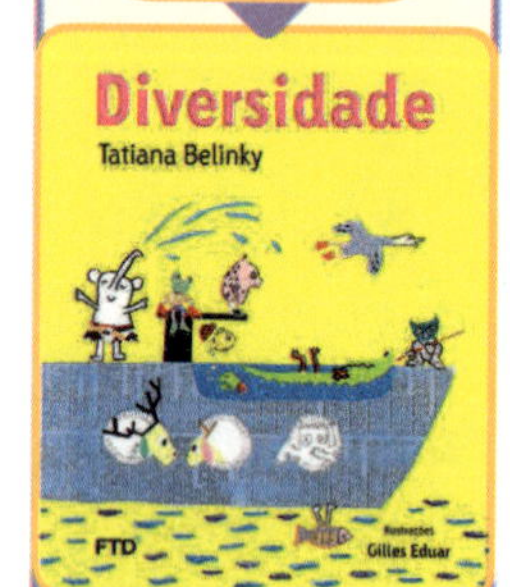

DIVERSIDADE, DE TATIANA BELINKY. SÃO PAULO: FTD, 2015. ACOMPANHE A LEITURA FEITA PELO PROFESSOR.

MEU NASCIMENTO

MATERIAL DE APOIO

VOCÊ SABE QUANDO NASCEU?

- DESTAQUE DA **PÁGINA 3** UM CARTÃO COMO O DA LIA.
- PEÇA AJUDA A UM ADULTO PARA COMPLETAR O CARTÃO COM OS SEUS DADOS.

Alberto Stefano/Arquivo da editora

COMO EU SOU, COMO EU ERA...

PARA CONTAR UMA HISTÓRIA, É PRECISO QUE ALGUNS ACONTECIMENTOS QUE TENHAM FEITO PARTE DESSA HISTÓRIA TENHAM SIDO REGISTRADOS ANTERIORMENTE.

- COM A AJUDA DE UM ADULTO, COLE FOTOS NOS QUADROS A SEGUIR.

QUANDO NASCI, EU ERA ASSIM:

HOJE, EU SOU ASSIM:

Alberto Stefano/Arquivo da editora

VAMOS CRIAR?

CÁPSULA DO TEMPO

PODEMOS OBSERVAR MUITAS MUDANÇAS AO NOSSO REDOR, COMO UMA ÁRVORE QUE NASCE, CRESCE E DÁ FLORES E FRUTOS OU MESMO OBJETOS QUE MUDAM AO LONGO DO TEMPO.

- E VOCÊ, COMO MUDOU AO LONGO DO TEMPO?

Nosyrevy/Shutterstock

Monkey Business Images/Shutterstock

Anna Kraynova/Shutterstock

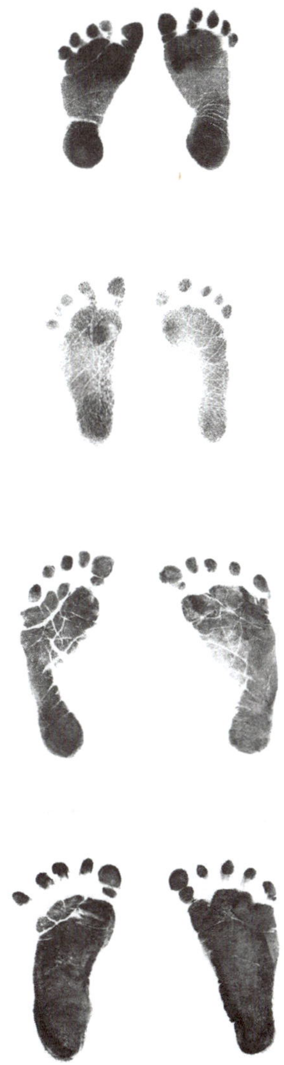

Studio DMM Photography, Designs & Art/Shutterstock

Tom Wang/Shutterstock

NÃO USO MAIS...

• OBSERVE AS IMAGENS DE BRUNO.

Alberto Stefano/Arquivo da editora

BRUNO QUANDO ERA BEBÊ.

Alberto Stefano/Arquivo da editora

BRUNO COM 4 ANOS.

• OBSERVE AS IMAGENS ABAIXO E CONTORNE OS OBJETOS QUE VOCÊ ACHA QUE BRUNO NÃO USA MAIS.

Alberto Stefano/Arquivo da editora

AGORA JÁ SEI...

- ACOMPANHE A LEITURA DO PROFESSOR.

IRMÃO

ELE É PEQUENO,
MAL SABE FALAR.
CHORA. TOSSE. ENGASGA.
NÃO TEM DENTES. E VOCÊ
SABE FALAR, SE SENTE DOR,
SABE FALAR, SE ESTÁ COM FOME,
SABE FALAR, SE ESTÁ TRISTE,
SABE DIZER O QUE QUER COMER,
SABE ESCREVER SEU NOME

ABC DOS ABRAÇOS, DE SÉRGIO CAPPARELLI.
SÃO PAULO: GLOBAL, 2017. P. 34.

Alberto Stefano/Arquivo da editora

- O QUE VOCÊ JÁ SABE FAZER SOZINHO? CONTE AOS COLEGAS.
- ESCREVA SEU NOME NO ESPAÇO ABAIXO DO JEITO QUE VOCÊ SOUBER.

COMO VOCÊ PODE USAR SEU CORPO?

• OBSERVE O QUE A TURMA DA LIA ESTÁ FAZENDO.

Alberto Stefano/Arquivo da editora

• CONTORNE AS ATIVIDADES QUE VOCÊ TAMBÉM GOSTA DE REALIZAR USANDO SEU CORPO.

MINHAS MÃOS

HOJE SUAS MÃOS TÊM UM TAMANHO, MAS ELAS VÃO CRESCER COM VOCÊ. VAMOS FAZER UM REGISTRO PARA COMPARAR DEPOIS?

- FAÇA O CONTORNO DE UMA DE SUAS MÃOS.

Alberto Stefano/Arquivo da editora

- DEPOIS, COMPLETE O QUADRO COM SUA IDADE.

HOJE EU TENHO ______ ANOS.

BEIJO, ABRAÇO, APERTO DE MÃO

A TURMA DA LIA ESTÁ BRINCANDO DE BEIJO, ABRAÇO, APERTO DE MÃO. VOCÊ CONHECE ESSA BRINCADEIRA?

- REÚNA-SE COM OS COLEGAS E, COM A ORIENTAÇÃO DO PROFESSOR, BRINQUEM DE BEIJO, ABRAÇO, APERTO DE MÃO.

Alberto Stefano/Arquivo da editora

PARTES DO NOSSO CORPO

- OBSERVE ALGUMAS PARTES DO NOSSO CORPO.
- CONTORNE AS PARTES DO CORPO DAS QUAIS VOCÊ JÁ SABE O NOME.

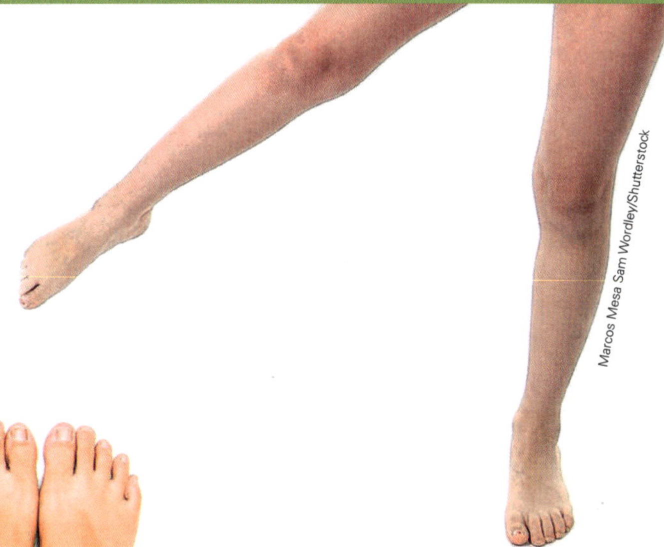

Marcos Mesa Sam Wordley/Shutterstock

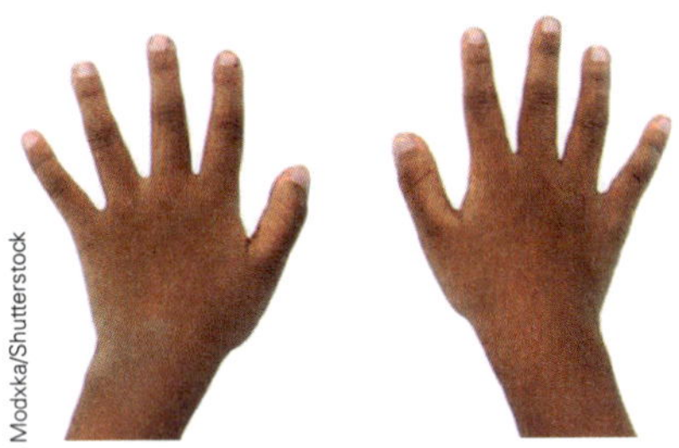

Modxka/Shutterstock

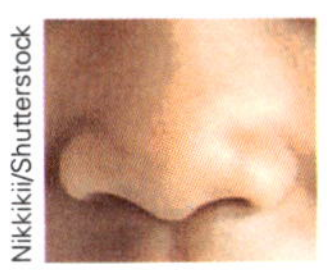

Nikkikii/Shutterstock

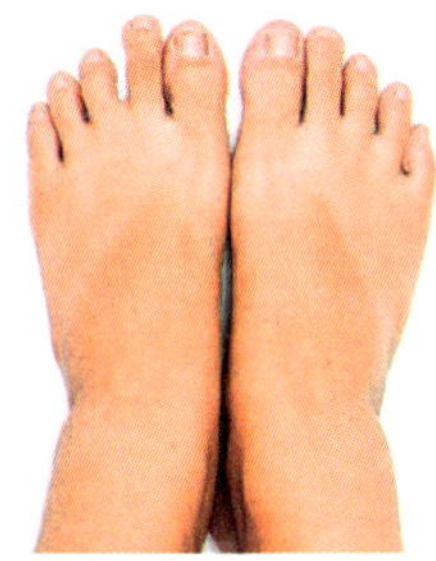

Ananchai Phuengchap/Shutterstock

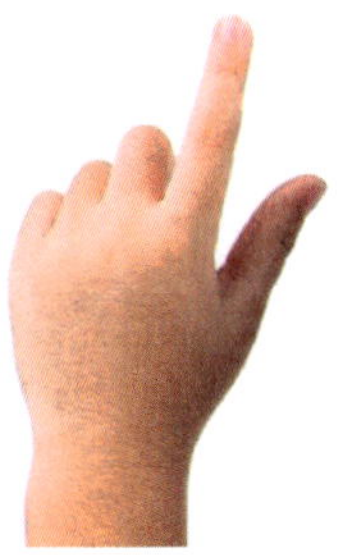

tuthelens/Shutterstock

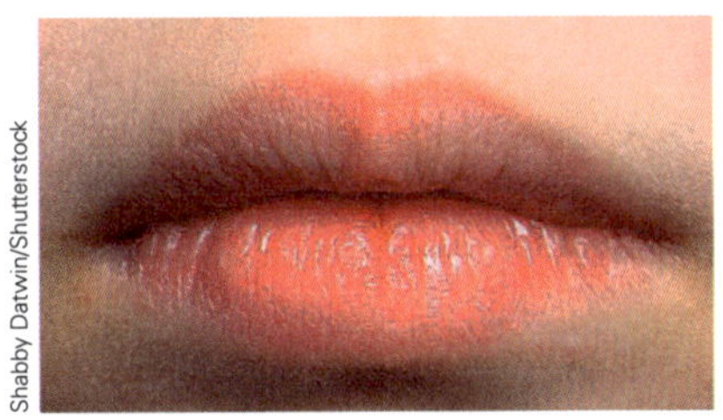

Shabby Datwin/Shutterstock

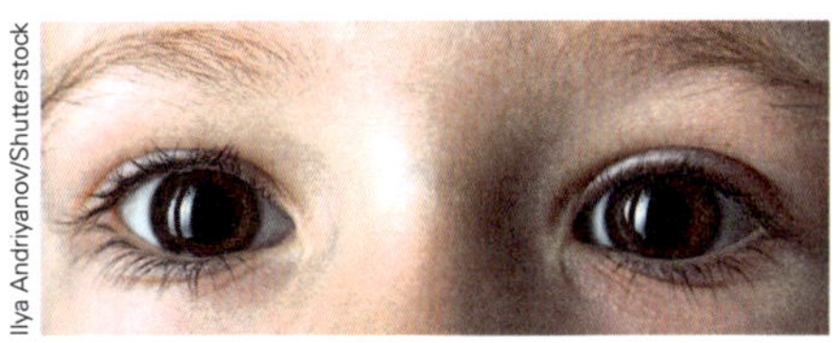

Ilya Andriyanov/Shutterstock

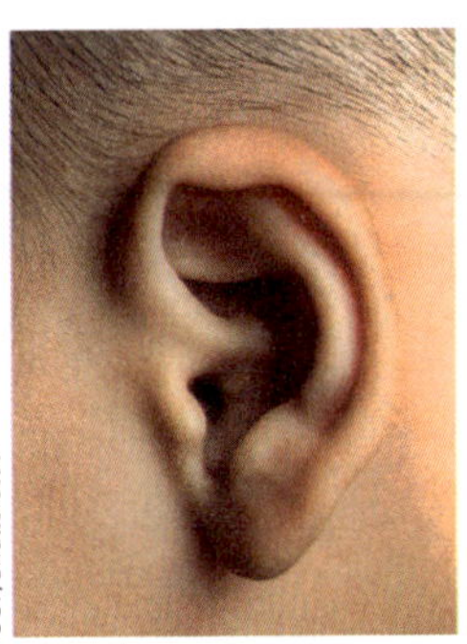

CC7/Shutterstock

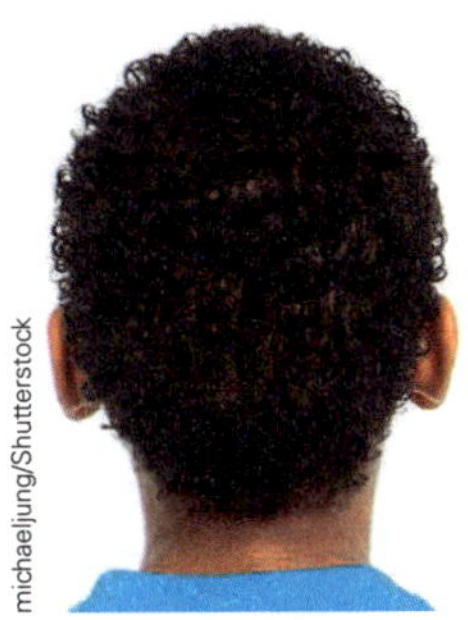

michaeljung/Shutterstock

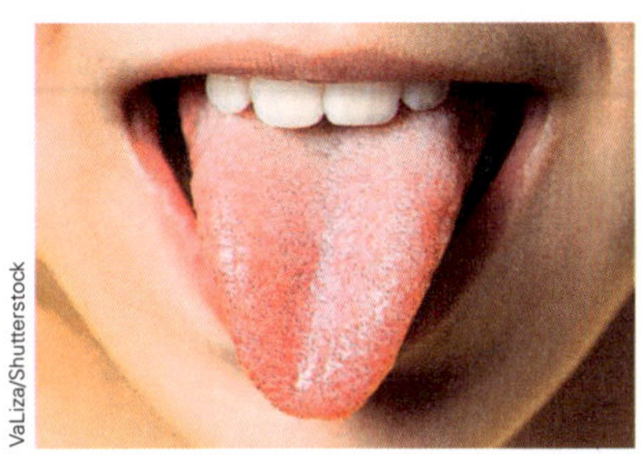

VaLiza/Shutterstock

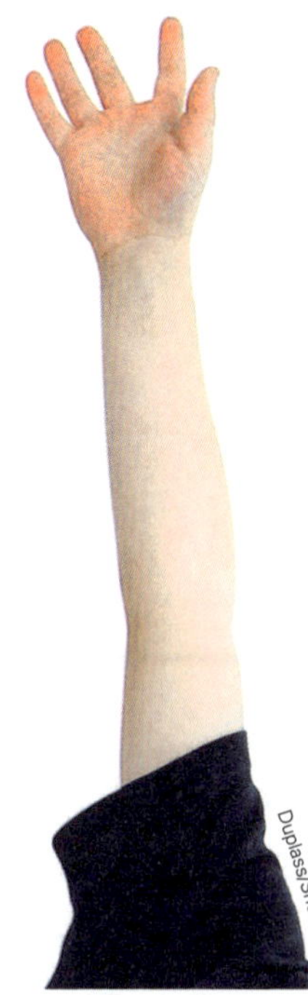

Dupless/Shutterstock

Alberto Stefano/Arquivo da editora

PARA QUE SERVE CADA PARTE DO CORPO?

• LIGUE CADA OBJETO À PARTE DO CORPO DE QUE VOCÊ PRECISA PARA USÁ-LO.

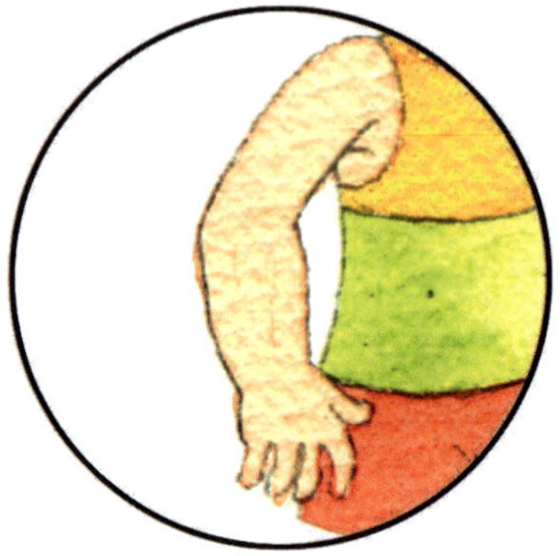

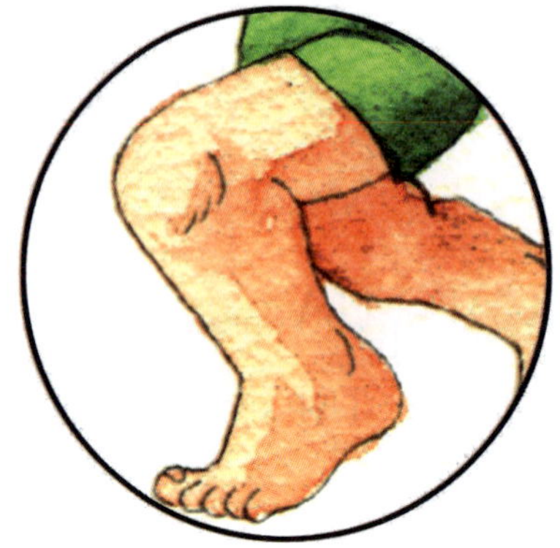

Alberto Stefano/Arquivo da editora

UMA FAMÍLIA...

- ACOMPANHE A LEITURA DO PROFESSOR.

[...] FAMÍLIAS PODEM SER GRANDES, PEQUENAS, FELIZES, TRISTES, RICAS, POBRES, ESPALHAFATOSAS, SILENCIOSAS, BRAVAS, BEM-HUMORADAS, PREOCUPADAS OU DESENCANADAS...

O GRANDE E MARAVILHOSO LIVRO DAS FAMÍLIAS, DE MARY HOFFMAN E ROS ASQUITH. SÃO PAULO: EDIÇÕES SM, 2011.

- AGORA, FAÇA UM DESENHO PARA REPRESENTAR UMA DESSAS FAMÍLIAS.

MINHA FAMÍLIA E EU

COMO É A SUA FAMÍLIA?

- DESTAQUE AS FIGURAS DA **PÁGINA 5** E FORME NO QUADRO ABAIXO A SUA FAMÍLIA.
- DEPOIS, CONTE QUANTAS PESSOAS FAZEM PARTE DA SUA FAMÍLIA E FALE O NOME DE CADA UMA DELAS.

MATERIAL DE APOIO

Donatas1205/Shutterstock/Glow Images

Alberto Stefano/Arquivo da editora

SUGESTÃO DE LIVRO

Reprodução/Panda Books

O LIVRO DA FAMÍLIA, DE TODD PARR. SÃO PAULO: PANDA BOOKS, 2003. ACOMPANHE A LEITURA FEITA PELO PROFESSOR.

PASSEIO NO PARQUE

OS MEMBROS DAS FAMÍLIAS FAZEM MUITAS COISAS JUNTOS. OBSERVE A CENA A SEGUIR.

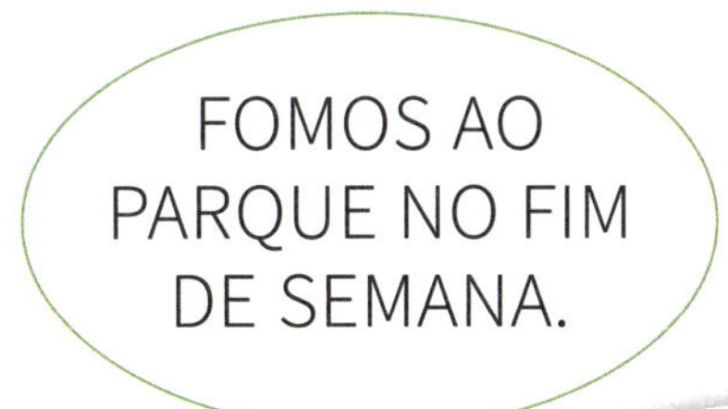

Alberto Stefano/Arquivo da editora

- CONTORNE LIA E OS PAIS DELA.
- VOCÊ JÁ FOI A UM PARQUE COM A SUA FAMÍLIA? CONTE AOS COLEGAS COMO FOI SEU PASSEIO.

PESSOAS CONHECIDAS

- OBSERVE ESTES GRUPOS DE PESSOAS. O PROFESSOR VAI LER OS TEXTOS E VOCÊ VAI DIZER OS NOMES QUE DAMOS A ESSES GRUPOS E COMPLETAR AS PALAVRAS COM AS LETRAS QUE FALTAM.

ESTA É A FAMÍLIA DE BRUNO. NESTA IMAGEM VOCÊ VÊ OS PAIS E OS AVÓS DELE. A ESSE GRUPO DE PESSOAS DAMOS O NOME DE:

Alberto Stefano/Arquivo da editora

P	___	R	___	N	T	___	S

ESTE É O PRÉDIO ONDE ANA MORA. AS PESSOAS QUE MORAM EM OUTROS APARTAMENTOS DO PRÉDIO OU NAS CASAS PRÓXIMAS AO PRÉDIO DE ANA SÃO CHAMADAS:

Alberto Stefano/Arquivo da editora

V	___	Z	___	N	H	___	S

EU BRINCO COM...

- DESENHE UMA PESSOA QUE COSTUMA BRINCAR COM VOCÊ. QUEM É ELA?

A PROFISSÃO DE NOSSOS FAMILIARES

- CONVERSE COM UMA PESSOA QUE MORA COM VOCÊ SOBRE O TRABALHO QUE ELA EXERCE. PEÇA A AJUDA DELA PARA REGISTRAR ALGUNS DADOS.
- DESENHE NO QUADRO ALGO QUE REPRESENTE ESSA PROFISSÃO.

NOME DO ENTREVISTADO: ______________________________

PROFISSÃO: ______________________________

O QUE FAZ: ______________________________

____

CADA PROFISSÃO TEM UMA FUNÇÃO

VAMOS CONHECER O TRABALHO DE ALGUNS PROFISSIONAIS?

- PINTE O QUE CADA PROFISSIONAL FAZ.

O QUE FAZ UM PADEIRO?

Alberto Stefano/Arquivo da editora

O QUE FAZ UM PEDREIRO?

Alberto Stefano/Arquivo da editora

- ESCREVA COM QUE LETRA COMEÇAM AS PALAVRAS **PADEIRO** E **PEDREIRO**. ____

- VAMOS REGISTRAR OUTRAS PALAVRAS QUE COMECEM COM ESSA MESMA LETRA?

DOMINÓ DAS PROFISSÕES

MATERIAL DE APOIO

REGRAS

1. DESTAQUE AS PEÇAS DA **PÁGINA 7**.
2. CONVIDE UM AMIGO OU UM ADULTO DE SUA FAMÍLIA PARA JOGAR COM VOCÊ.
3. DISTRIBUA 6 PARA CADA JOGADOR.
4. O PRIMEIRO PARTICIPANTE ESCOLHE UMA PEÇA PARA INICIAR O JOGO.
5. O SEGUNDO PARTICIPANTE PRECISA COLOCAR UMA PEÇA CORRESPONDENTE À PROFISSÃO QUE O PARTICIPANTE ANTERIOR ESCOLHEU.
6. SE ELE NÃO TIVER NENHUMA PEÇA RELACIONADA À PROFISSÃO DEVERÁ PASSAR A VEZ.
7. VENCE O JOGO QUEM FICAR SEM NENHUMA PEÇA PRIMEIRO.

Alberto Stefano/Arquivo da editora

UNIDADE 2

O LUGAR ONDE EU VIVO

QUAIS SÃO OS LUGARES PREFERIDOS DA TURMA PARA BRINCAR?

Alberto Stefano/Arquivo da editora

UMA CIDADE DIFERENTE

PRESTE ATENÇÃO AO POEMA QUE O PROFESSOR VAI LER. DEPOIS, SOLTE SUA IMAGINAÇÃO!

- DESENHE NO QUADRO ABAIXO UMA CIDADE DIFERENTE.

- AGORA, CONTE AOS COLEGAS POR QUE ESSA CIDADE É DIFERENTE.

UMA CIDADE INTERESSANTE

BRUNO FOI AO RIO DE JANEIRO E CONHECEU ALGUNS LUGARES MUITO BONITOS.

- OBSERVE AS IMAGENS ABAIXO.

Alberto Stefano/Arquivo da editora

- PESQUISE OUTROS LUGARES DO BRASIL.
- COLE UMA IMAGEM DO LUGAR DE QUE VOCÊ MAIS GOSTOU NO ESPAÇO ABAIXO.

A CIDADE ONDE MORO

- COLE NO QUADRO ABAIXO A IMAGEM DE UM LOCAL DE SUA CIDADE QUE É MUITO VISITADO POR SER INTERESSANTE.

- ESCREVA O NOME DA CIDADE EM QUE VOCÊ MORA.

A RUA MAIS BONITA DO MUNDO

ESTA É A RUA GONÇALO DE CARVALHO, LOCALIZADA EM PORTO ALEGRE. ELA FICOU CONHECIDA COMO "A RUA MAIS BONITA DO MUNDO".

- OBSERVE AS FOTOGRAFIAS.

ZÉ Paiva/Pulsar Imagens

Jefferson Bernardes/Folhapress

Carlos Eduardo de Quadros/Fotoarena

- POR QUE VOCÊ ACHA QUE AS PESSOAS CONSIDERAM ESSA RUA A MAIS BONITA DO MUNDO? CONTE AOS COLEGAS.

A RUA MAIS BONITA TEM...

EM SUA OPINIÃO, O QUE DEVE TER EM UMA RUA PARA QUE ELA SEJA CONSIDERADA BONITA?

- DESENHE A RUA QUE VOCÊ IMAGINOU NO QUADRO ABAIXO.

A RUA EM QUE SOFIA MORA

ESTA É A RUA EM QUE SOFIA MORA.

O PROFESSOR VAI DAR ALGUMAS PISTAS PARA QUE VOCÊ DESCUBRA QUAL É A CASA DA SOFIA. FIQUE ATENTO.

1. É UMA CASA COM 2 ANDARES.

2. FICA AO LADO DA PADARIA.

3. TEM APENAS UMA JANELA NO ANDAR DE CIMA.

• PINTE A CASA DE SOFIA.

Alberto Stefano/Arquivo da editora

DE PALHA, DE MADEIRA, DE TIJOLOS

MATERIAL DE APOIO

VOCÊ CONHECE A HISTÓRIA DOS TRÊS PORQUINHOS?
O PROFESSOR VAI CONTÁ-LA. OUÇA COM ATENÇÃO.

- DESTAQUE AS FIGURAS DA **PÁGINA 9** E COLE AS CASAS DOS TRÊS PORQUINHOS NA ORDEM EM QUE ELAS FORAM ASSOPRADAS PELO LOBO.

Alberto Stefano/Arquivo da editora

CÔMODOS DE UMA CASA

UMA CASA PODE TER VÁRIOS CÔMODOS.

- VOCÊ SABE O NOME DOS CÔMODOS ILUSTRADOS A SEGUIR? CONVERSE COM OS COLEGAS.
- CONTORNE, EM CADA CÔMODO, UM OBJETO QUE JUSTIFIQUE SUA RESPOSTA.

SALA

BANHEIRO

QUARTO

COZINHA

Alberto Stefano/Arquivo da editora

SUGESTÃO DE LIVRO

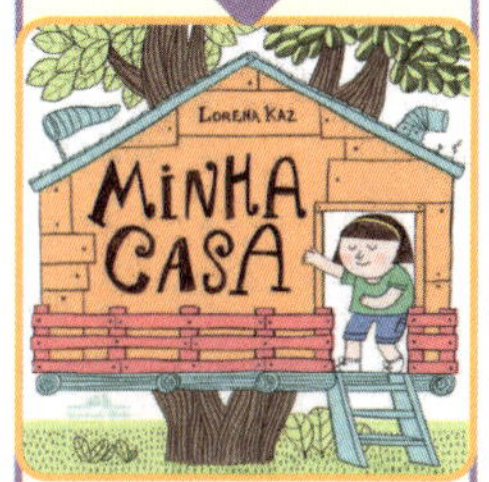

Reprodução/Companhia da Letrinhas

MINHA CASA, DE LORENA KAZ. SÃO PAULO: COMPANHIA DAS LETRINHAS, 2018. ACOMPANHE A LEITURA FEITA PELO PROFESSOR.

MINHA CASA É ASSIM...

- NO QUADRO ABAIXO, DESENHE E PINTE SUA CASA.
- DEPOIS, CONTE AOS COLEGAS COMO ELA É POR DENTRO.

Alberto Stefano/Arquivo da editora

ESTE É O QUARTO DO BETO

- OBSERVE A IMAGEM. VOCÊ SABE O NOME DE TODAS AS COISAS PRESENTES NESTE QUARTO?
- CONTORNE NA IMAGEM OS OBJETOS QUE VOCÊ TAMBÉM TEM EM SEU QUARTO.

Alberto Stefano/Arquivo da editora

A CAMA DE CADA UM

NESTAS IMAGENS HÁ TRÊS TIPOS DE CAMA. OBSERVE-AS.

• LIGUE CADA CAMA AO SEU DONO.

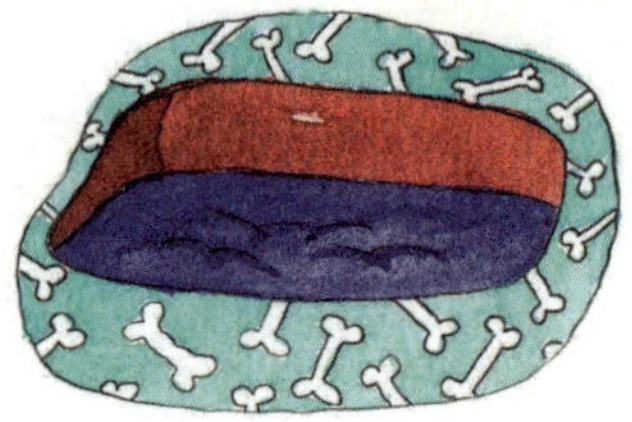

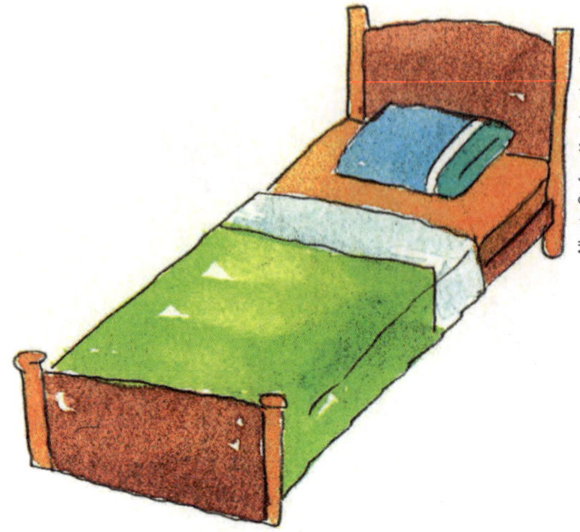

Alberto Stefano/Arquivo da editora

ESTA É A COZINHA DA CASA DA ANA

- OBSERVE OS OBJETOS DA COZINHA DA ANA.

Alberto Stefano/Arquivo da editora

- VOCÊ SABE O NOME DE ALGUM DESSES OBJETOS? CONTE AOS COLEGAS.

EU ADORO FRUTAS!

- OBSERVE AS FRUTAS ABAIXO.
- DEPOIS, CONTORNE AS FRUTAS QUE VOCÊ JÁ EXPERIMENTOU.

Viktar Malyshchyts/Shutterstock

AGB Photo Library/ Shutterstock

Tatiana Popova/Shutterstock

Maks Narodenko/Shutterstock

COLOA Studio/Shutterstock

Mr.Nakorn/ Shutterstock

Jiri Miklo/Shutterstock

Iv Nikolny/Shutterstock

Nattika/Shutterstock

- DESENHE NO QUADRO OUTRA FRUTA DE QUE VOCÊ GOSTA E CONTE AOS COLEGAS O NOME DELA.

HORA DA CURIOSIDADE

FRUTAS TÍPICAS DO LUGAR ONDE MORO

VOCÊ SABE QUAIS SÃO AS FRUTAS TÍPICAS DO LUGAR ONDE MORA?

- COM A ORIENTAÇÃO DO PROFESSOR, FAÇA UMA PESQUISA PARA DESCOBRIR QUAIS SÃO ESSAS FRUTAS. DEPOIS, DESENHE UMA DELAS.

COMER, COMER...

TODOS NÓS NOS ALIMENTAMOS.

- FAÇA UM X NO ALIMENTO QUE VOCÊ ACHA MAIS SAUDÁVEL EM CADA GRUPO.

olvius/Shutterstock

Olyina/Shutterstock

M. Unal Ozmen/ Shutterstock

Tim UR/Shutterstock

diogoppr/Shutterstock

rocharibeiro/ Shutterstock

- DESENHE OU COLE NO QUADRO UMA IMAGEM DE UM ALIMENTO DE QUE VOCÊ GOSTA MUITO.

- VOCÊ CONSIDERA ESSE ALIMENTO SAUDÁVEL?

ESTE É O BANHEIRO DA CASA DO BRUNO

O QUE TEM NO BANHEIRO DA CASA DO BRUNO? OBSERVE A IMAGEM ABAIXO.

Alberto Stefano/Arquivo da editora

- QUAIS DESSES OBJETOS TAMBÉM SÃO ENCONTRADOS NO BANHEIRO DE SUA CASA?
- QUANTAS VEZES VOCÊ TOMA BANHO POR DIA?
- SEU BANHO COSTUMA SER RÁPIDO OU DEMORADO?

NO BANHEIRO LÁ DE CASA...

OBSERVE OS OBJETOS ABAIXO.

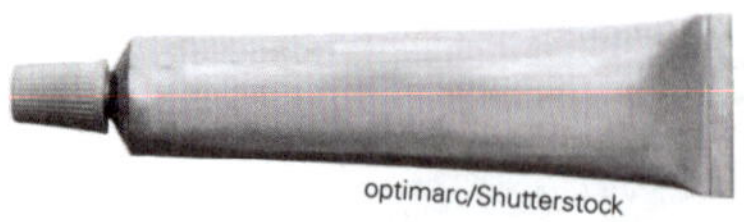
optimarc/Shutterstock

Thanakorn Stocker/ Shutterstock

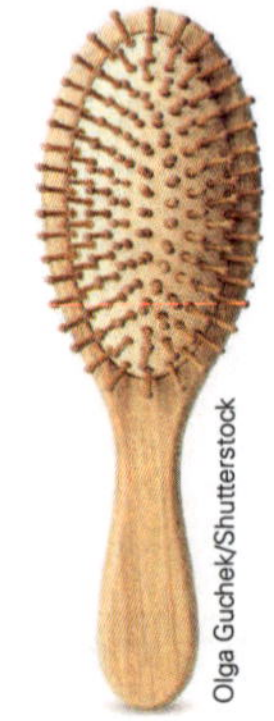
Olga Guchek/Shutterstock

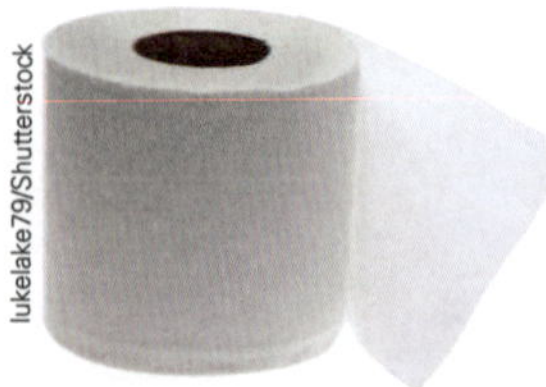
lukelake79/Shutterstock

domnitsky/Shutterstock

kemot7/Shutterstock

sirikorn thamniyom/ Shutterstock

Davydenko Yuliia/ Shutterstock

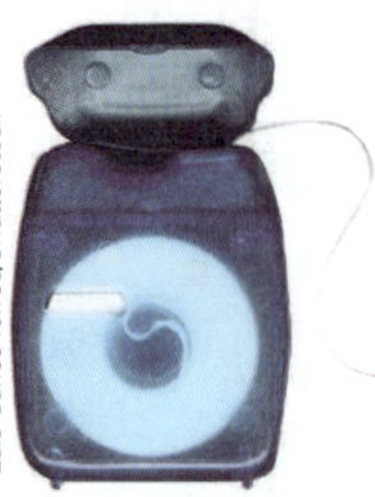
Luis Carlos Torres/Shutterstock

Gelpi/Shutterstock

krolya25/Shutterstock

nelik/Shutterstock

- EM QUE CÔMODO DA CASA ENCONTRAMOS ESSES OBJETOS?
- QUAIS DELES VOCÊ JÁ SABE USAR SOZINHO? CONTORNE-OS.
- QUAIS DELES DEVEM SER USADOS COM A AJUDA DE UM ADULTO? CONVERSE COM OS COLEGAS.

CUIDADO!

ALGUNS OBJETOS DOMÉSTICOS NÃO DEVEM SER USADOS POR CRIANÇAS. FIQUE ATENTO!

- CONTORNE OS OBJETOS DOMÉSTICOS QUE OFERECEM PERIGO ÀS CRIANÇAS.
- EM SUA OPINIÃO, POR QUE ESSES OBJETOS SÃO PERIGOSOS PARA CRIANÇAS?

Harminderjit Singh Sahota/Shutterstock

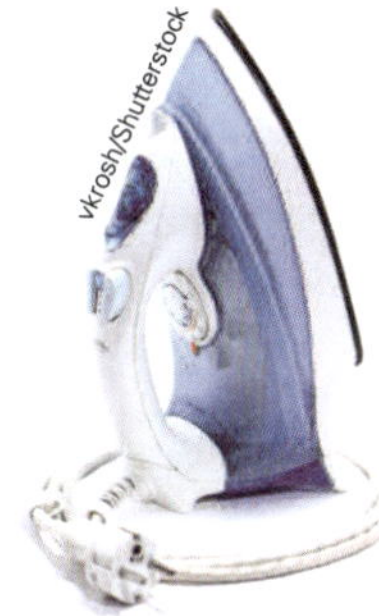
vkrosh/Shutterstock

Hurst Photo/Shutterstock

Maxx-Studio/Shutterstock

Istockphoto/Getty Images

Hywit Dimyadi/Shutterstock

Kletr/Shutterstock

ESTA É A SALA DA CASA DA MANUELA

MATERIAL DE APOIO

- DESTAQUE AS PEÇAS DA **PÁGINA 11**, MONTE O QUEBRA-CABEÇA E COLE-O ABAIXO.

- O QUE VOCÊ VÊ NA SALA DA CASA DA MANUELA?

COMO ERA, COMO É

- OBSERVE COMO ALGUNS MEIOS DE COMUNICAÇÃO ERAM E COMO SÃO ATUALMENTE.
- VOCÊ CONHECE ESSES MEIOS DE COMUNICAÇÃO?
- CONTORNE O OBJETO QUE É MAIS UTILIZADO EM SUA CASA.

Chuck Rausin/Shutterstock

andreasnikolas/Shutterstock

terekhov igor/Shutterstock

rangizzz/Shutterstock

Dmitry Naumov/Shutterstock

stockphoto mania/Shutterstock

O QUE BETO E BRUNO COMBINARAM?

DESTAQUE AS CENAS DA **PÁGINA 13** E COLE-AS NOS QUADROS ABAIXO, NA ORDEM EM QUE ACONTECERAM, PARA DESCOBRIR O QUE BETO E BRUNO COMBINARAM.

MATERIAL DE APOIO

- QUAL FOI O MEIO DE COMUNICAÇÃO USADO PELAS CRIANÇAS?
- O QUE VOCÊ ACHA QUE ELAS QUERIAM COMUNICAR?

TELEFONE SEM FIO

MATERIAL DE APOIO

REGRAS

1. TODAS AS CRIANÇAS DEVEM ESTAR SENTADAS EM RODA, UMA AO LADO DA OUTRA.
2. DESTAQUE AS PEÇAS DA **PÁGINA 15** E ORGANIZE-AS EM UM MONTE, NO CENTRO DA RODA, COM AS FIGURAS VIRADAS PARA BAIXO.
3. O PROFESSOR VAI ESCOLHER UM PARTICIPANTE PARA INICIAR A BRINCADEIRA. ELE DEVERÁ PEGAR A PRIMEIRA PEÇA DO MONTE, TOMANDO CUIDADO PARA QUE NINGUÉM MAIS A VEJA, E DESCREVER A CENA NO OUVIDO DO COLEGA AO LADO.
4. O COLEGA QUE RECEBEU A INFORMAÇÃO DEVERÁ REPASSÁ-LA AO OUVIDO DE QUEM ESTIVER DO SEU LADO, E ASSIM POR DIANTE, ATÉ COMPLETAR A RODA.
5. O ÚLTIMO DA RODA QUE RECEBER A INFORMAÇÃO DEVE DIZÊ-LA EM VOZ ALTA. O PRIMEIRO PARTICIPANTE DIRÁ SE A INFORMAÇÃO CHEGOU CORRETAMENTE ATÉ O FINAL E MOSTRARÁ A PEÇA PARA TODA A TURMA.

Alberto Stefano/Arquivo da editora

TEMPO PARA TUDO

EM CASA PODEMOS FAZER MUITAS COISAS...

VEJA O QUE LIA, ANA, SOFIA, CAUÃ, BETO, BRUNO E MANUELA ESTÃO FAZENDO.

- MARQUE UM ✕ NAS ATIVIDADES QUE VOCÊ TAMBÉM COSTUMA FAZER EM CASA.

Alberto Stefano/Arquivo da editora

MEU DIA

- OBSERVE O QUE LIA E CAUÃ COSTUMAM FAZER NOS TRÊS PERÍODOS DO DIA.
- PINTE O QUADRINHO QUE MOSTRA O PERÍODO DO DIA EM QUE VOCÊ REALIZA CADA ATIVIDADE.

MANHÃ

TARDE

NOITE

Alberto Stefano/Arquivo da editora

EM CASA... ESTE É MEU LUGAR PREFERIDO!

QUAL É O CÔMODO DE SUA CASA DE QUE VOCÊ MAIS GOSTA?

- REPRESENTE-O COLANDO IMAGENS DE OBJETOS QUE EXISTEM NELE.

- MOSTRE SUA COLAGEM AOS COLEGAS PARA QUE ELES DESCUBRAM QUAL CÔMODO FOI REPRESENTADO.

UNIDADE 3

MINHA ESCOLA

Alberto Stefano/Arquivo da editora

POR QUE NÓS VAMOS PARA A ESCOLA?

CIDADE OU CAMPO?

• OBSERVE AS DUAS IMAGENS A SEGUIR.

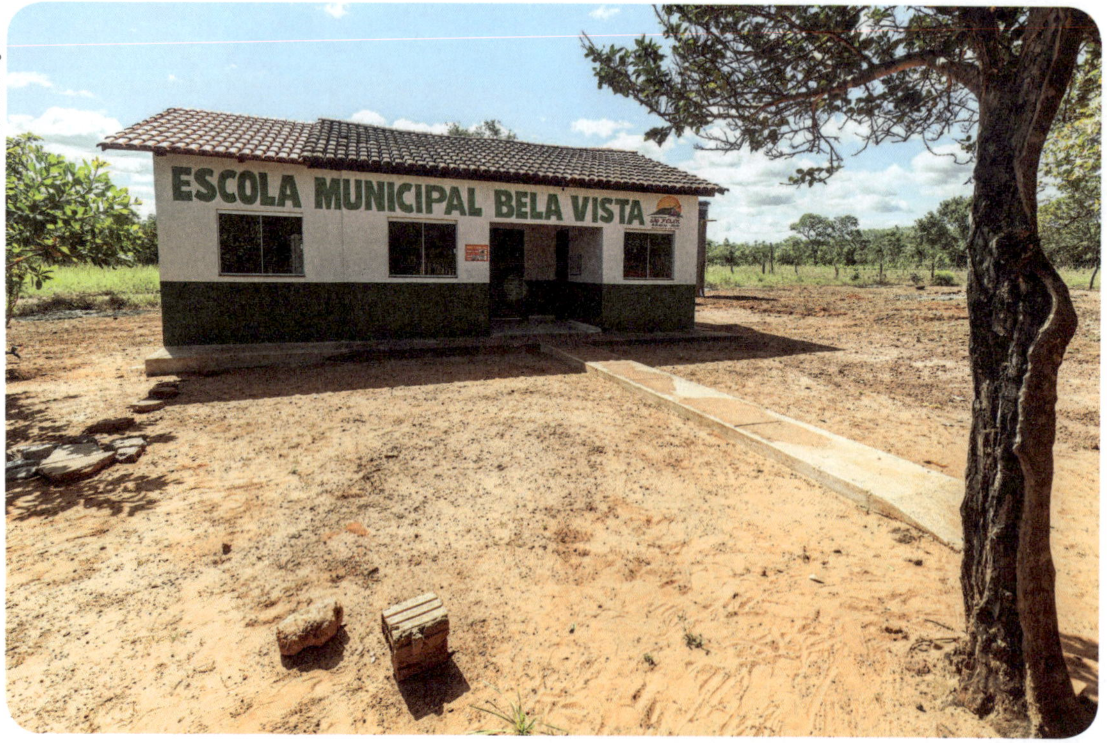

Luciano Queiroz/Pulsar Imagens

Rubens Chaves/Pulsar Imagens

• CONVERSE COM OS COLEGAS SOBRE A IMAGEM QUE MAIS SE PARECE COM O LUGAR EM QUE SUA ESCOLA SE ENCONTRA.

• DEPOIS, ASSINALE A IMAGEM COM UM ✕.

UMA ESCOLA NO RIO

• OBSERVE AS IMAGENS A SEGUIR.

Chico Ferreira/Pulsar Imagens

Marcos Amend/Pulsar Imagens

• COMO VOCÊ IMAGINA QUE SEJA A ROTINA DESSAS CRIANÇAS PARA IR À ESCOLA TODOS OS DIAS?

AGORA É COM VOCÊ...

MATERIAL DE APOIO

- DESTAQUE AS FIGURAS DA **PÁGINA 17**, OBSERVE-AS E COLE A FIGURA QUE MELHOR INDICA QUAL MEIO DE TRANSPORTE VOCÊ UTILIZA PARA IR À ESCOLA.

- COMPARE SUA RESPOSTA COM AS DOS COLEGAS.

AS ESCOLAS SÃO DIFERENTES

CONHEÇA ALGUNS TIPOS DE ESCOLA EM DIFERENTES LUGARES DO BRASIL.

- OBSERVE ESTAS IMAGENS.

Simon Plestenjak/Pulsar Imagens

Andre Dib/Pulsar Imagens

Luciana Whitaker/Pulsar Imagens

João Prudente/Pulsar Imagens

- A ESCOLA QUE VOCÊ FREQUENTA É PARECIDA COM ALGUMA DESSAS? COMO ELA É? CONVERSE COM OS COLEGAS.

A RUA DE MINHA ESCOLA

- OBSERVE AS CENAS ABAIXO.

Alberto Stefano/Arquivo da editora

- CONVERSE COM OS COLEGAS SOBRE O QUE ESTÁ ACONTECENDO NAS DUAS CENAS.
- ASSINALE COM UM ✗ A RUA QUE MAIS SE PARECE COM AS RUAS PRÓXIMAS À ESCOLA EM QUE VOCÊ ESTUDA.

PLACAS E MAIS PLACAS

VEJA AS PLACAS DESTA PÁGINA.

Jojoo64/Shutterstock

Banco de imagens/Arquivo da editora

yonidaba/Shutterstock

Kae Deezign/Shutterstock

Miguel Angel Salinas/Shutterstock

Jaboticaba Fotos/Shutterstock

- VOCÊ SABE O QUE ELAS SIGNIFICAM? CONVERSE COM OS COLEGAS.
- CONTORNE A PLACA EM QUE APARECEM LETRAS.

REPRESENTANDO UMA PLACA

- DESENHE UMA PLACA QUE VOCÊ COSTUMA VER NA ESCOLA EM QUE ESTUDA OU PERTO DELA. CONVERSE SOBRE ISSO COM OS COLEGAS.

ATENÇÃO À CADEIRINHA!

LUGAR DE CRIANÇA É NO BANCO DE TRÁS DOS VEÍCULOS, NA CADEIRINHA E COM CINTO DE SEGURANÇA AFIVELADO! OBSERVE AS DUAS CENAS.

Alberto Stefano/Arquivo da editora

Alberto Stefano/Arquivo da editora

- PINTE A CENA QUE MOSTRA A ATITUDE CORRETA NO TRÂNSITO.

CUIDADO AO ATRAVESSAR A RUA!

MATERIAL DE APOIO

- DESTAQUE AS PEÇAS DA **PÁGINA 19**. COLE NO SEMÁFORO DE TRÂNSITO E NO SINAL DE PEDESTRES APENAS AS PEÇAS QUE CORRESPONDEM À SITUAÇÃO ADEQUADA PARA ATRAVESSAR A RUA A PÉ.

Alberto Stefano/Arquivo da editora

- CONVERSE COM OS COLEGAS SOBRE O SIGNIFICADO DE CADA COR NOS SEMÁFOROS.

AQUI SE LOCALIZA MINHA ESCOLA

- OBSERVE A PLACA AO LADO. NELA PODEMOS LER O ENDEREÇO DA ESCOLA DA TURMA DA LIA.

Gerson Gerloff/Pulsar Imagens

- COM A AJUDA DE UM ADULTO, ESCREVA O ENDEREÇO DE SUA ESCOLA NA PLACA A SEGUIR.

Alberto Stefano/Arquivo da editora

QUE CAMINHO SEGUIR?

- DESENHE O CAMINHO QUE SOFIA FAZ DA CASA DELA ATÉ A ESCOLA.

Alberto Stefano/Arquivo da editora

A CHEGADA À ESCOLA

- OBSERVE AS DUAS CENAS A SEGUIR E ENCONTRE QUATRO DIFERENÇAS ENTRE ELAS.

Alberto Stefano/Arquivo da editora

- O QUE VOCÊ FAZ ASSIM QUE CHEGA À ESCOLA? CONVERSE COM OS COLEGAS.

PESSOAS QUE TRABALHAM NA ESCOLA

MATERIAL DE APOIO

- DESTAQUE AS FIGURAS DA **PÁGINA 21** E COLE-AS NOS RESPECTIVOS ESPAÇOS.

PORTEIRO	MERENDEIRA
PROFESSORA	SECRETÁRIA

- CONVERSE COM OS COLEGAS SOBRE A FUNÇÃO DE CADA UM DESSES PROFISSIONAIS.

AMIZADE NA ESCOLA

A ESCOLA TAMBÉM É UM LUGAR PARA FAZER AMIGOS! BRUNO VAI TOMAR LANCHE AO LADO DE SEU AMIGO.

- OUÇA AS DICAS QUE O PROFESSOR VAI LER SOBRE O AMIGO DE BRUNO.

  1. A CAMISA DELE É AZUL.

  2. ELE USA UMA CALÇA QUE NÃO É MARROM.

- AGORA, LIGUE BRUNO AO AMIGO.

Alberto Stefano/Arquivo da editora

É HORA DO LANCHE!

- DESENHE NA LANCHEIRA O QUE VOCÊ MAIS GOSTA DE COMER NA HORA DO LANCHE.
- DEPOIS, PINTE A GARRAFA COM A COR DO SUCO QUE VOCÊ GOSTA DE TOMAR.

Alberto Stefano/Arquivo da editora

AMIGAS... AMIGOS...

O QUE FAZ VOCÊ GOSTAR DE SEUS AMIGOS OU AMIGAS?

- REPRESENTE A AMIZADE COM UM DESENHO BEM COLORIDO E BONITO.

PRATICAR ESPORTES E FAZER AMIGOS

- OBSERVE OS ESPORTES DE QUE BRUNO, LIA E BETO MAIS GOSTAM.

Alberto Stefano/
Arquivo da editora

- CONVERSE COM OS COLEGAS SOBRE O NOME DOS ESPORTES PRATICADOS POR BRUNO, LIA E BETO. CONTE A ELES SE VOCÊ GOSTA OU NÃO DE PRATICAR ESSES ESPORTES.
- DESENHE UM OBJETO DE QUE VOCÊ PRECISA PARA PRATICAR SEU ESPORTE FAVORITO.

BRINCAR COM OS AMIGOS

ESTAS SÃO ALGUMAS BRINCADEIRAS DE QUE NOSSOS AMIGOS GOSTAM MUITO.

- VOCÊ CONHECE TODAS ELAS?

Alberto Stefano/Arquivo da editora

- ENTRE AS BRINCADEIRAS APRESENTADAS, DE QUAL VOCÊ MAIS GOSTA? CONTORNE-A.
- CONTE AOS COLEGAS COMO SÃO AS REGRAS DE SUA BRINCADEIRA PREFERIDA.

MUITAS BRINCADEIRAS!

PODEMOS BRINCAR DE MUITAS MANEIRAS.

- PESQUISE MANEIRAS DE BRINCAR E ESCOLHA UMA DELAS PARA REPRESENTAR AQUI COM UM DESENHO OU UMA COLAGEM.

VIVO, MORTO, TORTO!

- OUÇA A LEITURA QUE O PROFESSOR VAI FAZER DA LETRA DA CANÇÃO.

VIVO, MORTO, TORTO

BATE PALMA
SACODE, SACODE, SACODE
[...]
MORTO, VIVO
VIVO, MORTO,
TORTO, MORTO,
VIVO, TORTO

VIVO, MORTO, TORTO, DE CACAU VARGAS.
ROCK SHOCK SHOW, 2015. FAIXA 3.

Alberto Stefano/Arquivo da editora

- AGORA, A CADA COMANDO DO PROFESSOR, VOCÊ E OS COLEGAS DEVEM IMITAR O MOVIMENTO.
- QUEM FIZER O MOVIMENTO CERTO, PERMANECE NA BRINCADEIRA. QUEM FIZER O MOVIMENTO ERRADO, SAI DA BRINCADEIRA E AGUARDA A PRÓXIMA RODADA.

MEU LUGAR PREFERIDO NA ESCOLA

MATERIAL DE APOIO

- DESTAQUE AS PEÇAS DA **PÁGINA 23** E MONTE O QUEBRA-CABEÇA.
- QUAL É O LUGAR DE QUE LIA MAIS GOSTA NA ESCOLA?

Alberto Stefano/Arquivo da editora

Ilustrações: Alberto Stefano/Arquivo da editora

O QUE EU USO NA AULA

- OBSERVE OS OBJETOS ABAIXO.

Alberto Stefano/Arquivo da editora

- CONTORNE OS OBJETOS QUE VOCÊ COSTUMA USAR NA SALA DE AULA.
- CONVERSE COM OS COLEGAS SOBRE A FUNÇÃO DESSES OBJETOS.

NA AULA DE ARTE...

- FAÇA UM TRABALHO USANDO LÁPIS DE COR, GIZES DE CERA, TINTAS COLORIDAS OU RECORTES E COLAGENS.

Alberto Stefano/ Arquivo da editora

É MUITO IMPORTANTE COLABORAR

- ANALISE CADA CENA COM OS COLEGAS E DESCUBRAM O QUE ELAS MOSTRAM.

Alberto Stefano/Arquivo da editora

- DESENHE ☺ NAS ATITUDES QUE VOCÊ JULGA CORRETAS.
- DESENHE ☹ NAS ATITUDES QUE VOCÊ JULGA INCORRETAS.

ATÉ AMANHÃ!

MATERIAL DE APOIO

- DESTAQUE AS PEÇAS DA **PÁGINA 23** E COLE ABAIXO AS CENAS NA SEQUÊNCIA CORRETA.

1

2

3

- CONTE AOS COLEGAS A HISTÓRIA QUE VOCÊ MONTOU AQUI.

UNIDADE 4

EU E A NATUREZA

Alberto Stefano/Arquivo da editora

O QUE VOCÊ PODE FAZER PARA PRESERVAR A NATUREZA?

A NATUREZA

A NATUREZA É FORMADA POR MUITOS ELEMENTOS.

MongPro/Shutterstock

SOL E NUVENS

Andre Dib/Pulsar Imagens

ÁGUA DOCE

Andre Dib/Pulsar Imagens

ANIMAIS

Andre Dib/Pulsar Imagens

FLORESTA

vovan/Shutterstock

LUA E ESTRELAS

Ticiana Giehl/Shutterstock

ÁGUA SALGADA

Delfim Martins/Pulsar Imagens

ÁRVORES E FRUTAS

Du Zuppani/Pulsar Imagens

VEGETAIS

Manivannan T/Shutterstock

FLORES

Andrey_Popov/Shutterstock

PESSOAS

- CONVERSE COM OS COLEGAS SOBRE O QUE VOCÊ VÊ NAS FOTOS.

A NATUREZA PERTO DE MIM

- DESENHE UMA ÁRVORE TÍPICA DA LOCALIDADE EM QUE VOCÊ VIVE. DEPOIS, ESCREVA O NOME DELA.

MEU CORPO

VAMOS CANTAR?

CABEÇA, OMBRO, JOELHO E PÉ

CABEÇA, OMBRO, JOELHO E PÉ,
JOELHO E PÉ.
CABEÇA, OMBRO, JOELHO E PÉ,
JOELHO E PÉ.
OLHOS, ORELHAS, BOCA E NARIZ.
CABEÇA, OMBRO, JOELHO E PÉ,
JOELHO E PÉ.

CANTIGA POPULAR, DOMÍNIO PÚBLICO.

Yarkovoy/Shutterstock

- MARQUE COM UM ✕, NA IMAGEM AO LADO, AS PARTES DO CORPO QUE FORAM CANTADAS NA MÚSICA.

PARTES DA CABEÇA

- OBSERVE A IMAGEM.

Alberto Stefano/
Arquivo da editora

- CONTE AS PARTES DA CABEÇA E ESCREVA NOS QUADRINHOS O NÚMERO CORRESPONDENTE A CADA UMA DELAS.

CUIDAR DO CORPO

VAMOS CONVERSAR SOBRE ALGUNS CUIDADOS QUE DEVEMOS TER COM NOSSO CORPO?

• FAÇA UM ✕ NO QUE VOCÊ FAZ EM CADA SITUAÇÃO.

DEPOIS DE BRINCAR

ANTES DAS REFEIÇÕES

ANTES DE DORMIR

Alberto Stefano/Arquivo da editora

DEPOIS DE ACORDAR

MEDO DE BANHO?

VEJA A TIRINHA A SEGUIR.

- POR QUE VOCÊ ACHA QUE O CASCÃO NÃO ESTÁ SENTADO AO LADO DO CEBOLINHA?
- COMO VOCÊ SE SENTE DEPOIS QUE TOMA BANHO? PINTE O SENTIMENTO COM O QUAL VOCÊ MAIS SE IDENTIFICA.

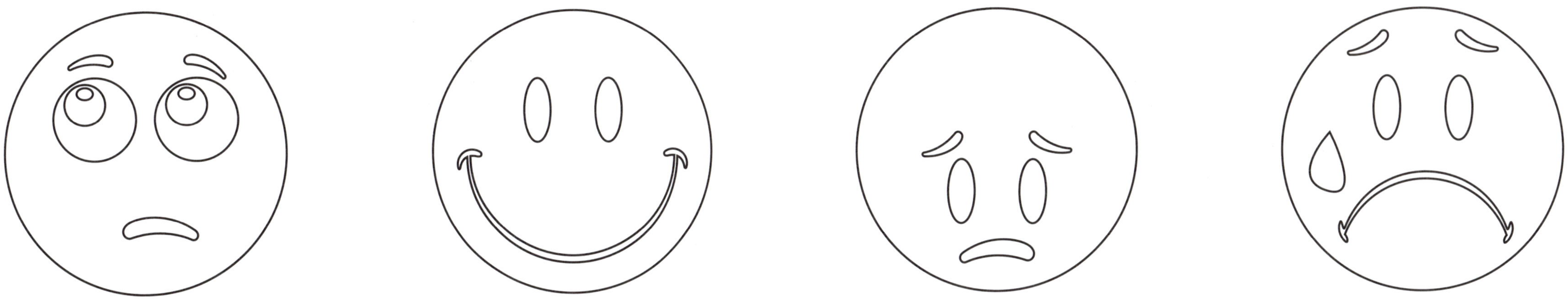

CHEIROS NA NATUREZA

VOCÊ JÁ SENTIU O CHEIRO DOS ELEMENTOS APRESENTADOS NAS IMAGENS?

suthamj/Shutterstock

HORTELÃ

JIANG HONGYAN/Shutterstock

GOIABA

Alekcey/Shutterstock

FLORES

GMEVIPHOTO/Shutterstock

CAFÉ

- CONVERSE COM OS COLEGAS SOBRE OS CHEIROS QUE VOCÊ JÁ CONHECE.

QUAL PARTE DO CORPO AS CRIANÇAS VÃO USAR?

• OBSERVE AS IMAGENS E PRESTE ATENÇÃO À LEITURA DO PROFESSOR.

wiktord/Shutterstock

LIA QUER SABER QUAL É A MAÇÃ VERMELHA.

Dattenfeld/Shutterstock

MANUELA QUER SABER SE A FLOR É PERFUMADA.

5/Shutterstock

ANA QUER SABER SE O TECIDO DA TOALHA É MACIO.

akV/Shutterstock

BRUNO QUER SABER SE O SOM DA BUZINA É ALTO.

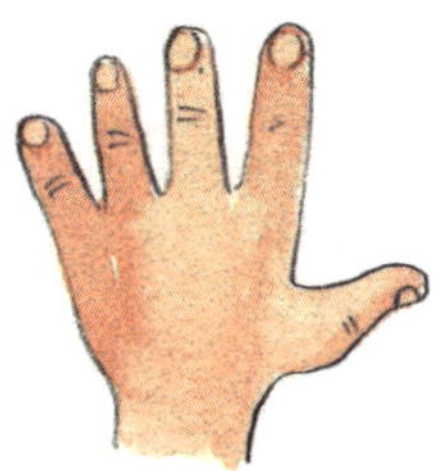

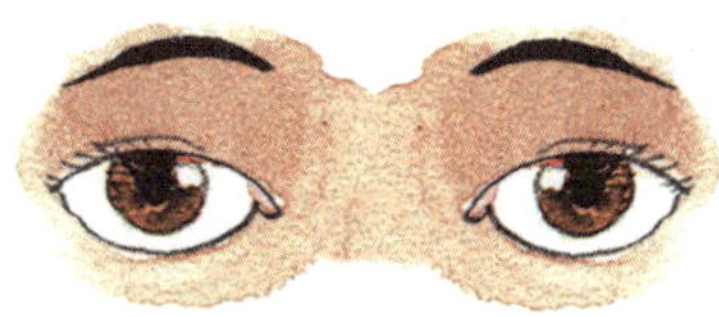

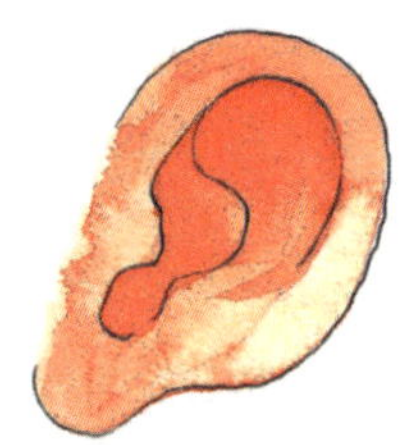

Alberto Stefano/ Arquivo da editora

• LIGUE A PARTE DO CORPO QUE CADA CRIANÇA USOU PARA RESOLVER A DÚVIDA DELA.

O SABOR DOS ALIMENTOS

QUANDO COLOCAMOS UM ALIMENTO NA BOCA, LOGO RECONHECEMOS SEU SABOR.

- LIGUE CADA ALIMENTO AO SEU SABOR.

AZEDO | SALGADO | DOCE

azure1/Shutterstock

Marcelo_Krelling/Shutterstock

NinaM/Shutterstock

- EM UMA FOLHA À PARTE, DESENHE UM ALIMENTO. ELE É DOCE, SALGADO OU AZEDO?

OBA, SOBREMESA!

- QUAL É A SUA SOBREMESA PREFERIDA? DESENHE NOS QUADROS ABAIXO QUAL DOCE E QUAL FRUTA VOCÊ MAIS GOSTA DE COMER.

DOCE	FRUTA

A ORIGEM DOS ALIMENTOS

PRESTE ATENÇÃO À LEITURA DO PROFESSOR.

QUE ANIMAL PRODUZ O LEITE QUE BEBEMOS?

Evgeny Karandaev/Shutterstock

Peter Waters/Shutterstock

DE ONDE É RETIRADO O SAL QUE USAMOS PARA PREPARAR NOSSA COMIDA?

Dotta2/The Next

Lakov Filimonov/Shutterstock

QUE ANIMAL PRODUZ O MEL, QUE TORNA OS ALIMENTOS MAIS DOCES?

Yuri Samsonov/Shutterstock

Eric Isselee/Shutterstock

- LIGUE CADA ALIMENTO À SUA ORIGEM E CONVERSE COM OS COLEGAS SOBRE ESSE ASSUNTO.

ALIMENTOS DE ORIGEM ANIMAL

- PESQUISE OUTROS ANIMAIS E OS ALIMENTOS QUE ELES PRODUZEM. DEPOIS, REGISTRE O RESULTADO DE SUA PESQUISA NO ESPAÇO ABAIXO.

A CANA-DE-AÇÚCAR

MATERIAL DE APOIO

- DESTAQUE AS PEÇAS DA **PÁGINA 25** E COLE-AS ABAIXO NA SEQUÊNCIA CORRETA.

- AGORA, RESPONDA: DE ONDE VEM O AÇÚCAR?

O SOM DAS COISAS

COMO VOCÊ ACHA QUE DEVE SER O SOM PRODUZIDO POR ESTES OBJETOS?

nito/Shutterstock

ikuvshinov/Shutterstock

Sebastian Radu/Shutterstock

Luisma Tapia/Shutterstock

- MARQUE UM X NO QUADRINHO DO OBJETO QUE FAZ MAIS BARULHO AO SER USADO.
- CONTORNE A PARTE DO CORPO QUE NOS PERMITE SABER SE ALGUMA COISA É BARULHENTA OU SILENCIOSA.

Alberto Stefano/Arquivo da editora

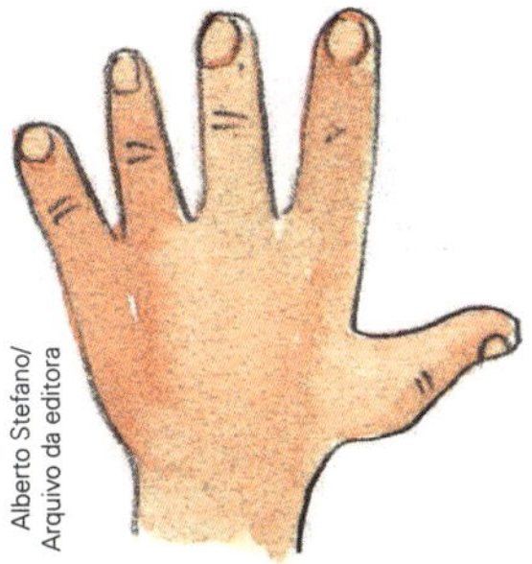

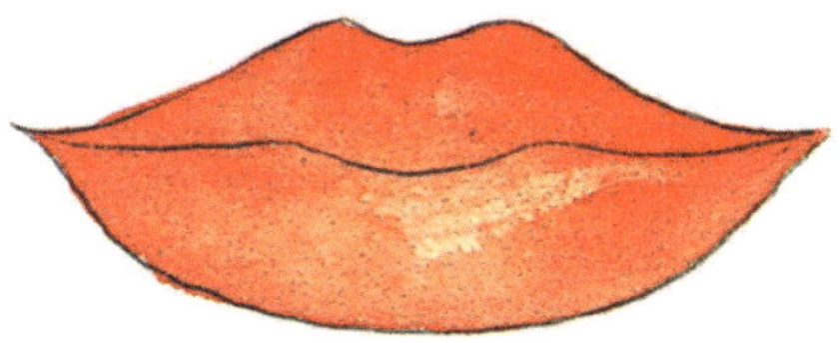

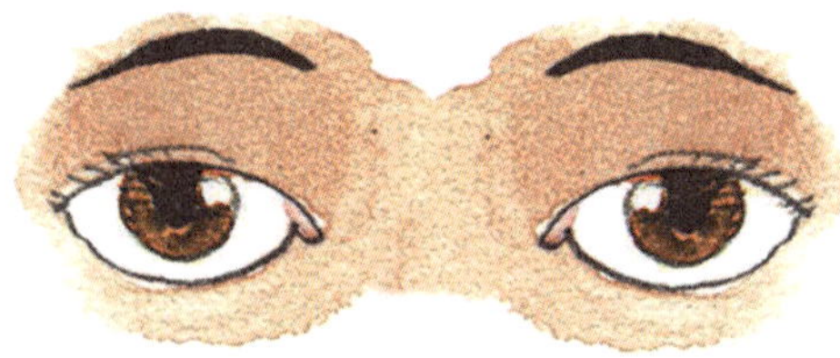

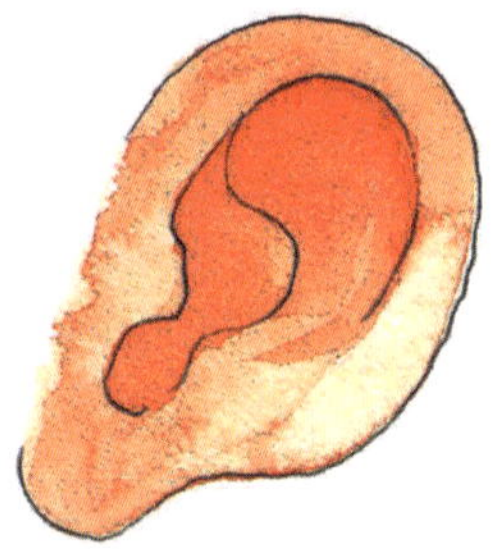

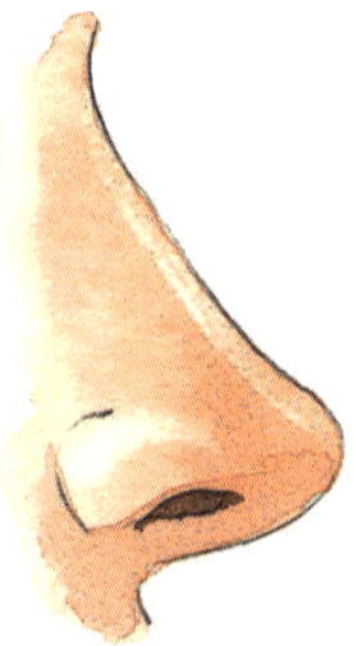

QUE BARULHO!

• DESENHE UM OBJETO QUE PRODUZ MUITO BARULHO.

Alberto Stefano/
Arquivo da editora

O SOM DOS ANIMAIS

VOCÊ CONHECE OS ANIMAIS DAS IMAGENS ABAIXO?

Viorel Sima/Shutterstock

Tsekhmister/Shutterstock

Joab Souza/Shutterstock

EcoPrint/Shutterstock

- DIGA O NOME DE CADA UM DESSES ANIMAIS E IMITE OS SONS QUE ELES FAZEM.
- DESENHE OUTRO ANIMAL. VOCÊ CONSEGUE IMITAR O SOM QUE ELE FAZ?

MACIO OU ÁSPERO?

COMO VOCÊ PODE SABER SE ALGO É MACIO OU ÁSPERO?

- COLE ALGODÃO EM UM DOS QUADROS ABAIXO E AREIA NO OUTRO.

ALGODÃO	AREIA

- CONTORNE A PARTE DO CORPO QUE VOCÊ USOU PARA SENTIR QUAL DOS MATERIAIS É MACIO E QUAL É ÁSPERO.

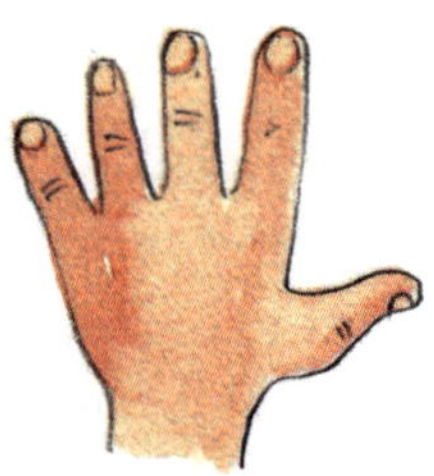

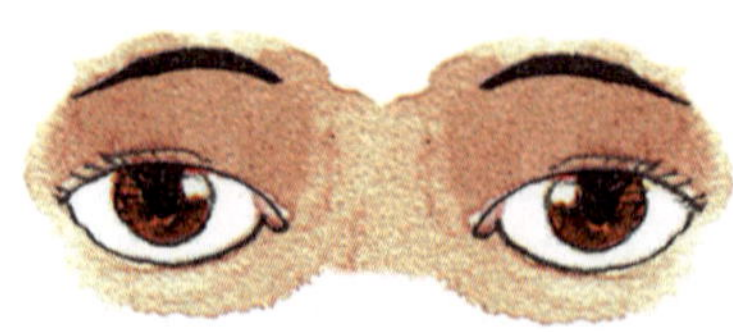
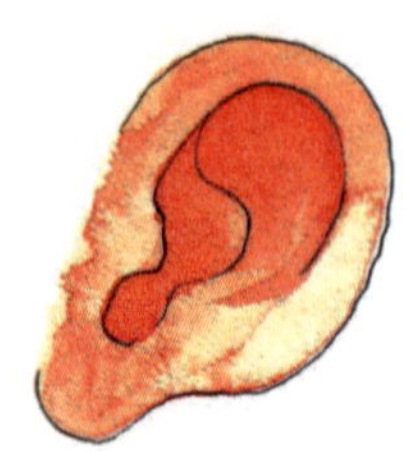

Alberto Stefano/ Arquivo da editora

ANIMAIS QUE VIVEM EM ZOOLÓGICO

BETO FOI VISITAR UM ZOOLÓGICO.

- VEJA ALGUNS ANIMAIS QUE BETO CONHECEU NO ZOOLÓGICO E CONTORNE AQUELES QUE VOCÊ TAMBÉM CONHECE.

- ESCREVA O NOME DE UM DOS ANIMAIS QUE APARECEM NA CENA.

O ZOOLÓGICO DA MINHA CIDADE

NA CIDADE EM QUE VOCÊ VIVE HÁ UM ZOOLÓGICO? VOCÊ JÁ VISITOU ESSE LUGAR?

- DESENHE ANIMAIS QUE PODEMOS CONHECER NO ZOOLÓGICO.

NO AR... NO MAR...

• OBSERVE ESTES ANIMAIS.

Ondrej Prosicky/Shutterstock

BEIJA-FLOR

Eric Carlander/Shutterstock

TUBARÃO

Marcos Amend/Pulsar Imagens

CORUJA

AUL R. STERRY/Alamy/Fotoarena

POLVO

Gerson Gerloff/Pulsar Imagens

GAVIÃO

Nantawat Chotsuwan/Shutterstock

PEIXE-PALHAÇO

J.A. Dunbar/Shutterstock

ARARA-AZUL

Roger Millan/Shutterstock

ESTRELA-DO-MAR

• CONTORNE OS ANIMAIS QUE VIVEM NA ÁGUA E FAÇA UM X NOS ANIMAIS QUE VOAM.

O SÍTIO DOS AVÓS DE ANA

DE QUEM É ESTE SÍTIO?

- DESTAQUE AS FIGURAS DA **PÁGINA 25** E COLE OS ANIMAIS NOS LUGARES CORRETOS.

MATERIAL DE APOIO

Alberto Stefano/Arquivo da editora

ONDE ESTÃO?

- ACOMPANHE A LEITURA DO TEXTO E OBSERVE A ILUSTRAÇÃO.

– JOANINHA PINTADA,
QUEM FOI QUE TE PINTOU?
QUE TINTA ENCANTADA
SEU PINTOR USOU!

AS PINTAS DA JOANINHA, DE ROSA MARIA FILGUEIRAS VIEIRA. JUIZ DE FORA: FRANCO EDITORA, 2008.

Alberto Stefano/Arquivo da editora

- CONTORNE AS PALAVRAS QUE RIMAM NO TEXTO.
- ENCONTRE OS BICHINHOS QUE ESTÃO ESCONDIDOS NO JARDIM DO SÍTIO DOS AVÓS DE ANA. FAÇA UM ✖ EM CADA UM DELES. QUANTOS SÃO? ______
- QUE BICHINHOS SÃO ESSES? ______
- ALGUM DELES É CITADO NO TEXTO? QUAL? ______
- PINTE A CENA.

BICHOS CAMUFLADOS

- ACOMPANHE A LEITURA DO TEXTO.

BICHO-FOLHA E BICHO-PAU

[...]
O BICHO-FOLHA E O BICHO-PAU
SE O PERIGO É IMINENTE
SE MISTURAM NA FOLHAGEM
COPIANDO O AMBIENTE
[...]

BICHO-FOLHA, BICHO-PAU, DE SANDRA PEREZ E PAULO TATIT. PALAVRA CANTADA OFICIAL, 2019.

Mark Brandon/Shutterstock

BICHO-PAU

Norjipin Saidi/Shutterstock

BICHO-FOLHA

- CONVERSE COM OS COLEGAS SOBRE O BICHO-PAU E O BICHO-FOLHA.

SUGESTÃO DE LIVRO

Reprodução/Editora SESI-SP

BICHO PAU, BICHO FOLHA, DE CAROLINA CARNEIRO E MERLI. SÃO PAULO: SESI-SP EDITORA, 2014. ACOMPANHE A LEITURA FEITA PELO PROFESSOR.

É PRECISO CUIDAR DA NATUREZA

- OBSERVE AS FOTOGRAFIAS A SEGUIR.

Cesar Diniz/Pulsar Imagens

Mauricio Simonetti/Tyba

Thomaz Vita Neto/Pulsar Imagens

Edmar Melo/JC Imagem/Folhapress

- O QUE VOCÊ VÊ EM CADA UMA DESSAS FOTOS?
- CONVERSE COM OS COLEGAS SOBRE OS DANOS QUE AS SITUAÇÕES APRESENTADAS PODEM CAUSAR AO PLANETA.

MATERIAL DE APOIO

JOGO DO LINCE

REGRAS

1. DESTAQUE AS PEÇAS DAS **PÁGINAS 27** E **29** E O TABULEIRO DA **PÁGINA 31**.
2. REÚNA-SE COM MAIS DOIS AMIGOS PARA JOGAR.
3. O PRIMEIRO PARTICIPANTE TIRA UMA CARTA.
4. AQUELE QUE ENCONTRAR PRIMEIRO A FIGURA IGUAL NO TABULEIRO RECEBERÁ UMA FICHA COLORIDA.
5. QUEM TIVER MAIS FICHAS COLORIDAS VENCE O JOGO.

Eric Isselee/ Shutterstock

Alberto Stefano/ Arquivo da editora

MATERIAL DE APOIO

MEU NASCIMENTO

FIGURA PARA A ATIVIDADE DA **PÁGINA 9** DO LIVRO.

FOTO

NOME: ______________________________

____

____

____

DIGITAL

NASCI NO DIA: ______________________________

DO MÊS DE: ______________________________

MINHA FAMÍLIA E EU

FIGURAS PARA A ATIVIDADE DA **PÁGINA 20** DO LIVRO.

Ilustrações: Alberto Stefano/Arquivo da editora

HORA DO JOGO E DA BRINCADEIRA – DOMINÓ DAS PROFISSÕES

PEÇAS PARA A ATIVIDADE DA **PÁGINA 26** DO LIVRO.

Ilustrações: Alberto Stefano/
Arquivo da editora

DE PALHA, DE MADEIRA, DE TIJOLOS

FIGURAS PARA A ATIVIDADE DA **PÁGINA 34** DO LIVRO.

Ilustrações: Alberto Stefano/Arquivo da editora

ESTA É A SALA DA CASA DA MANUELA

PEÇAS PARA A ATIVIDADE DA **PÁGINA 46** DO LIVRO.

Ilustrações: Alberto Stefano/Arquivo da editora

O QUE BETO E BRUNO COMBINARAM?

FIGURAS PARA A ATIVIDADE DA **PÁGINA 48** DO LIVRO.

Ilustrações: Alberto Stefano/Arquivo da editora

HORA DO JOGO E DA BRINCADEIRA – TELEFONE SEM FIO

FIGURAS PARA A ATIVIDADE DA **PÁGINA 49** DO LIVRO.

Denis Kuvaev/Shutterstock

ANURAK PONGPATIMET/Shutterstock

Kent Weakley/Shutterstock

Kaesler Media/Shutterstock

Africa Studio/Shutterstock

Africa Studio/Shutterstock

AGORA É COM VOCÊ...

FIGURAS PARA A ATIVIDADE DA **PÁGINA 56** DO LIVRO.

Luis Salvatore/Pulsar Imagens

Cesar Diniz/Pulsar Imagens

Cesar Diniz/Pulsar Imagens

Kaponia Aliaksei/Shutterstock

Sergey Zuenok/Shutterstock

Blanol/Shutterstock

Sergio Pedreira/Pulsar Imagens

CUIDADO AO ATRAVESSAR A RUA!

FIGURAS PARA A ATIVIDADE DA **PÁGINA 62** DO LIVRO.

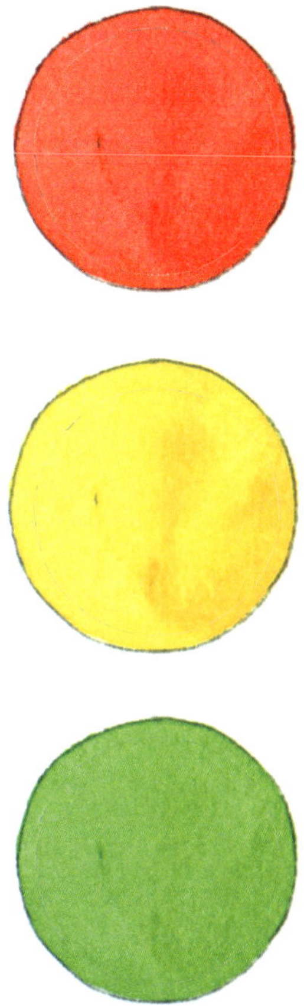

Ilustrações: Alberto Stefano/Arquivo da editora

PESSOAS QUE TRABALHAM NA ESCOLA

FIGURAS PARA A ATIVIDADE DA **PÁGINA 66** DO LIVRO.

Ilustrações: Alberto Stefano/Arquivo da editora

MEU LUGAR PREFERIDO NA ESCOLA

FIGURAS PARA A ATIVIDADE DA **PÁGINA 74** DO LIVRO.

Ilustrações: Alberto Stefano/Arquivo da editora

ATÉ AMANHÃ!

FIGURAS PARA A ATIVIDADE DA **PÁGINA 78** DO LIVRO.

Ilustrações: Alberto Stefano/Arquivo da editora

HORA DA CURIOSIDADE – A CANA-DE-AÇÚCAR

FIGURAS PARA A ATIVIDADE DA **PÁGINA 92** DO LIVRO.

Ilustrações: Alberto Stefano/Arquivo da editora

O SÍTIO DOS AVÓS DE ANA

FIGURAS PARA A ATIVIDADE DA **PÁGINA 100** DO LIVRO.

Ilustrações: Alberto Stefano/Arquivo da editora

HORA DO JOGO E DA BRINCADEIRA – JOGO DO LINCE

PEÇAS PARA A ATIVIDADE DA **PÁGINA 104** DO LIVRO.

HORA DO JOGO E DA BRINCADEIRA – JOGO DO LINCE

PEÇAS PARA A ATIVIDADE DA **PÁGINA 104** DO LIVRO.

Ilustrações: Alberto Stefano/Arquivo da editora

HORA DO JOGO E DA BRINCADEIRA – JOGO DO LINCE

TABULEIRO PARA A ATIVIDADE DA **PÁGINA 104** DO LIVRO.